Éloge du théâtre

Alain Badiou
avec Nicolas Truong

Éloge du théâtre

Café Voltaire
Flammarion

Cet ouvrage est né d'un dialogue public entre Alain Badiou et Nicolas Truong, qui a eu lieu le 15 juillet 2012, dans le cadre du « Théâtre des idées », cycle de rencontres intellectuelles et philosophiques du Festival d'Avignon.

ISBN : 978-2-0813-0318-8

I

Défense d'un art menacé

D'où vous vient cet amour de la scène, du jeu et de la représentation ?

Le premier spectacle de théâtre qui m'ait vraiment saisi, je l'ai rencontré à Toulouse, quand j'avais quatorze ans. La Compagnie du Grenier, fondée par Maurice Sarrazin, donnait *Les Fourberies de Scapin*. Dans le rôle titre, Daniel Sorano. Un Scapin musclé, agile, d'une extraordinaire sûreté. Un Scapin triomphant, dont la vélocité, la voix sonore et les stupéfiantes mimiques donnaient envie de le connaître, de lui demander quelque service étonnant. Et, certes, je le lui ai demandé, ce service, quand, en juillet 1952, j'ai joué le rôle de Scapin au lycée Bellevue ! Je me souviens qu'au moment terrible où je devais entrer en scène et lancer la première réplique j'avais clairement en mémoire le bondissement et l'éclat de Sorano, et que je tentais d'y conformer ma longue carcasse. Lors d'une reprise, un peu plus tard, du même spectacle, le critique de *La Dépêche du Midi* me décocha un éloge empoisonné en déclarant que je me souvenais « avec intelligence » de Daniel Sorano. C'est le moins qu'on pouvait dire… Mais, dès lors, intelligence ou pas, je m'étais injecté le virus du théâtre.

Une autre étape de la maladie a été la découverte de Vilar, du TNP, à Chaillot, quand le provincial que j'étais est « monté à Paris » pour poursuivre ses études. Je crois que ce qui m'a frappé alors était la sobriété de la mise en espace, sa réduction à un ensemble de signes, en même temps que la densité très particulière du jeu de Vilar lui-même. Il était comme à distance de la représentation qu'il donnait, il esquissait plus qu'il ne réalisait. J'ai compris grâce à lui que le théâtre est plus un art des possibilités qu'un art des réalisations. Je me souviens notamment, dans le *Don Juan* de Molière, d'une scène muette qu'il avait ajoutée. Après son premier entretien avec la statue du Commandeur, le libertin athée et provocateur qu'est Don Juan est évidemment préoccupé, bien qu'il ne veuille aucunement en convenir :

qu'est-ce que c'est que cette statue qui parle ? Alors Vilar revenait seul sur scène, lentement, et en silence considérait la statue retournée à son immobilité naturelle. Il y avait là un moment poignant, alors même qu'il était d'une totale abstraction : le personnage indiquait son incertitude, son examen tendu des diverses hypothèses qu'on pouvait faire à propos d'une situation anormale. Oui, cet art des hypothèses, des possibilités, ce tremblement de la pensée devant l'inexplicable, c'était le théâtre dans sa plus haute destination.

Je me suis alors lancé – et je continue ! – dans d'immenses lectures, j'ai parcouru une considérable partie du répertoire mondial. J'ai élargi l'effet produit par les productions du TNP en lisant les œuvres complètes des auteurs choisis par ce théâtre. Après *Don Juan*, j'ai relu tout Molière, après *La Paix*, j'ai lu tout Aristophane, après *La Ville*, tout Claudel, après *Ce fou de Platonov*, tout le théâtre russe disponible, après *Roses rouges pour moi*, tout Sean O'Casey, après *Le Triomphe de l'amour*, tout Marivaux, après *Arturo Ui*, tout Brecht, et puis tout Shakespeare, tout Pirandello, tout Ibsen, tout Strindberg, et tous les autres, notamment Corneille – pour lequel j'ai une dilection spéciale, aidée par les belles productions récentes de cet auteur par Brigitte

Jaques et son complice ès-théâtre : le grand théoricien et à l'occasion acteur qu'est François Regnault.

Quand, plus tard, j'ai écrit des pièces, ce n'est pas un hasard qu'elles aient le plus souvent été tirées de modèles plus anciens : *Ahmed le subtil* des *Fourberies de Scapin*, *Les Citrouilles* des *Grenouilles*, *L'Écharpe rouge* du *Soulier de satin*... Si les représentations restent les vrais points d'intensité du théâtre, le répertoire écrit en est la masse impressionnante, le surplomb historique. La représentation vous embarque dans une traversée émotive et pensante dont les œuvres de tous les temps et de tous les lieux sont comme l'horizon maritime.

Quand, avec Antoine Vitez, puis avec Christian Schiaretti, j'ai directement participé à ce genre d'embarquement, du côté cette fois de l'équipage du navire, j'ai ressenti presque physiquement cette alliance paradoxale, cette féconde dialectique entre un horizon d'une grandeur infinie, celui des œuvres géniales du théâtre de tous les temps et de tous les lieux, et la force lumineuse et fragile du mouvement très bref d'un spectacle, quelques heures au plus, qui nous donne l'illusion de nous rapprocher de cette grandeur au point de participer à sa genèse.

Sautons soixante ans. J'assiste à la production de la pièce de Pirandello *On ne sait comment* par la compagnie La Llevantina, que dirige Marie-José Malis. Cette pièce m'a toujours fasciné par son abstraction violente. Le croisement épique qu'elle organise entre la trivialité des existences (des adultères, comme si souvent au théâtre…) et la longue, la subtile, l'interminable obstination de la pensée, fait se succéder sur scène des sortes de confessions à la Rousseau, dans une langue prodigieuse. Cependant, la mise en scène de Marie-José Malis fut pour moi un de ces événements de théâtre où l'on comprend soudain quelque chose sur quoi on s'était depuis toujours trompé. En l'occurrence, la vraie destination des pièces de Pirandello. Il ne s'agit pas de distendre le lien entre les corps et le texte, il ne s'agit pas d'installer la scène dans son partage entre l'illusion et le réel, voire, pour parler comme Pirandello lui-même, entre la Forme et la Vie. Il s'agit de faire à chaque spectateur une confidence intime porteuse d'une injonction sévère. Le ton murmuré souvent adopté par les acteurs de la troupe – tous admirables –, leur façon de regarder telle ou telle fraction du public dans les yeux n'ont pas d'autre objet que de nous faire entendre la voix multiforme de Pirandello : « Ce que vous êtes, ce que vous faites, je le sais, vous pouvez le voir et l'entendre sur cette scène, et vous n'avez donc plus d'excuse pour vous refuser à le méditer pour votre propre compte. Vous ne pouvez échapper désormais à l'impératif le plus important de tous : vous orienter dans l'existence, en vous orientant d'abord, comme les acteurs tentent devant vous de le faire, dans la pensée. »

Oui, le théâtre sert à nous orienter, et c'est pourquoi, quand on en a compris l'usage, on ne peut plus se passer de cette boussole.

Vous avez longtemps hésité entre la philosophie et le théâtre. Pourquoi ne pas avoir choisi le théâtre, vous qui aimez écrire pour le théâtre, mais également monter sur scène et jouer vos propres textes ?

Sans doute est-ce la faute des mathématiques ! Le théâtre comblait la part de moi-même pour laquelle la pensée prend la forme d'une émotion, d'un moment fort, d'une sorte d'engagement dans ce qui est donné immédiatement à voir et à entendre. Mais j'avais – j'ai toujours – une demande d'un tout autre ordre : que la pensée prenne la forme de l'argumentation irrésistible, de la soumission à un pouvoir logique et conceptuel qui ne cède rien sur l'universalité du propos. Platon a eu le même problème : lui aussi était persuadé que les mathématiques proposaient un modèle inégalable de la pensée pleinement accomplie. Mais lui aussi, en grand rival du théâtre qu'il était, voulait que la pensée soit dans l'intensité d'un moment, qu'elle soit un parcours hasardeux et cependant victorieux. Il a résolu son problème en écrivant des dialogues philosophiques, en parlant des mathématiques, comme dans le *Ménon*, avec un esclave rencontré par hasard. Je n'ai cependant pas en moi-même la ressource de tels dialogues, et du reste personne ne l'a eue depuis Platon. J'ai donc accepté d'être divisé, entre la forme classique de la philosophie, c'est-à-dire de vastes traités systématiques, et des incursions, des sortes de razzias joyeuses, dans le domaine du théâtre.

Pourquoi faire l'éloge du théâtre à l'heure où il semble partout célébré ? Car, si le théâtre a notamment été détrôné dans sa centralité par le cinéma, sa fréquentation ne faiblit pas. Art de la présence, le théâtre est de surcroît largement plébiscité parce qu'il résisterait intrinsèquement à l'emprise du visuel et du virtuel. Pourquoi défendre un art qui a si bonne presse ?

Méfions-nous, car le théâtre a toujours été violemment attaqué : pendant des millénaires, le théâtre a été suspecté, frappé d'interdiction par des églises, attaqué par des philosophes notoires comme Nietzsche ou Platon, considéré par les autorités diverses comme susceptible d'activité subversive ou critique. Il a été associé à la plupart des grandes entreprises révolutionnaires, qui ont souvent créé un théâtre dans le mouvement même de leur existence. Il est installé, mais d'une façon qu'il convient de protéger et d'amplifier. Nous pouvons avoir ici, au Festival d'Avignon, une illusion spectaculaire concernant le théâtre, mais il me semble qu'il peut gagner un public bien plus nombreux qu'aujourd'hui.

Pourquoi dites-vous que le théâtre est, tout comme l'amour, aussi bien attaqué sur sa droite que sur sa gauche ?

Du côté qu'on pourrait appeler sa droite, on se représente communément le théâtre de la même manière qu'on conçoit largement aujourd'hui la peinture ou la musique, c'est-à-dire en l'envisageant soit comme un musée des arts antiques, soit comme une partie de la société du spectacle, ou plutôt de la société du divertissement, pour parler – soyons antiques, nous aussi – la langue de Pascal de préférence à celle de Debord. Un théâtre installé, certes, mais dans une routine conservatrice et/ou consumériste, quelque part entre la visite d'une exposition des peintres expressionnistes allemands et le show dans lequel un chansonnier célèbre parodie le pauvre Hollande. Un « théâtre » qui chercherait à concurrencer sur son propre terrain l'imagerie moderne : le cinéma, la télévision, l'écran multiforme des téléphones et des tablettes. Cette tendance droitière, pour laquelle, si le théâtre n'est pas la visitation respectueuse d'un trésor culturel, il doit se tailler une place dans l'industrie du divertissement, est souvent soutenue par un certain nombre de politiques, qui considèrent que la fonction du théâtre est d'offrir au public « populaire » ce qu'il demande. On voudrait souvent, aujourd'hui, qu'un théâtre soit certes un lieu où l'on reprend le « grand répertoire » de façon à la fois conventionnelle et modernisée, plaisante, valant pour le « jeune public », mais aussi, en même temps, un lieu où l'on peut voir des succédanés du music-hall moderne. N'oublions pas que les vrais succès populaires, le théâtre de masse, c'est aujourd'hui, avant tout, l'équivalent de l'opérette quand j'étais jeune, à savoir les comédies musicales sur le modèle américain. Avoir un équilibre satisfaisant de classiques revisités, où viendra le public scolaire, et de divertissements spectaculaires pour le « grand public », voilà qui peut constituer un dosage agréable pour les autorités locales. *Le Cid* en costumes contemporains pour les lycéens, *Cléopâtre* en rock dénudé pour les grands : cela rentabilise un lourd budget culturel.

Ne critiquez-vous pas de manière unilatérale le divertissement ? Certes, son origine latine – divertere –, qui signifie l'action de se détourner de quelque chose, inciterait à incliner du côté de Pascal, qui bâtit sur l'étymologie une morale : les hommes esquivent les grandes questions existentielles par le jeu, l'amour, la guerre. Mais n'est-il pas nécessaire de se divertir ? Faut-il condamner en moraliste le rire, le délassement, le divertissement ? N'est-ce pas une éthique esthétique que Mozart fait chanter à Don Giovanni : « Io mi voglio divertir » ?

Entendons-nous sur le mot « divertissement ». Il ne désigne nullement le rire, la joie,

la farce ! Je suis moi-même un auteur principalement comique, et je suis d'accord avec
Hegel quand celui-ci désigne la comédie
comme la forme supérieure du théâtre. Par
« divertissement », il faut entendre ici ce
qui utilise les moyens apparents du théâtre
(la représentation, les décors, les acteurs,
les « répliques qui font mouche »...) pour
conforter les opinions des spectateurs, qui sont
évidemment les opinions dominantes. Il faut
en effet sans cesse rappeler que le propre d'une
opinion dominante, c'est de dominer, réellement, l'esprit de tout le monde. Il y a un rire
qui est celui de cette complicité intime avec
l'ordre existant, une sorte de preuve par le rire
que l'on peut toujours « faire avec » ce qui
existe, et que, finalement, n'avoir comme ressource que les clichés de l'opinion dominante
n'est pas si grave. Et puis il y a un rire d'un
tout autre ordre, un rire qui révèle en profondeur l'ineptie de ce qu'on nous apprend à res-
pecter, qui dévoile la vérité cachée, à la fois
ridicule et sordide, qui se trouve derrière les
« valeurs » qu'on nous présente comme les
plus incontestables. La vraie comédie ne nous
divertit pas, elle nous met dans l'inquiétante
joie d'avoir à rire de l'obscénité du réel. Je me
souviens, à ce propos, des réactions à une des
scènes de mon *Ahmed philosophe*. Chacune des

trente-deux scènes de cet *Ahmed* est à elle seule une petite pièce consacrée à un concept important de la philosophie. Là, il s'agissait de la morale. C'était un dialogue entre Ahmed et Rhubarbe, un tenant caractéristique de l'opinion dominante des années 80 et 90 du dernier siècle : droits de l'homme, écologie, antitotalitarisme, amour de l'autre, démocratie, bonne conscience occidentale, expéditions « humanitaires »... Tout ce fatras presque tombé en poudre depuis, mais extrêmement vivace et agissant à l'époque. Ma scène était carnavalesque, et les spectateurs riaient à gorge déployée. N'empêche qu'à la sortie, ou dans les jours qui ont suivi, j'ai essuyé de vives critiques, sur le thème : « À force de se moquer de tout, on fait le jeu des forces obscures »... J'étais vainqueur : les tenants de l'obscénité dominante riaient de force, ils riaient jaune. Ils s'en repentaient ensuite. Le comique théâtral l'avait un moment emporté sur le divertissement.

Ne déconsidérez-vous pas trop vite les spectacles « populaires », comme le stand-up, la comédie musicale ou le théâtre de boulevard ? Car il n'y a pas que les comédies musicales massives et grossières, mais aussi Fred Astaire. Il n'y a pas que le comique troupier, mais aussi Yves Robert... Et que faites-vous de tous ces one-man-show, *de tous ces humoristes et artistes du* stand-up, *de Devos à Bedos, qui ne cessent d'attirer les foules au théâtre ? N'y a-t-il pas dans leur maestria scénique beaucoup plus de puissance critique que dans nombre de pâles mises en scène de grands classiques ?*

Je ne vois aucune raison d'appeler « populaire » ce qui attire les foules. Ce critère est encore plus faible en ce qui concerne l'art qu'en ce qui concerne le destin de l'orientation collective, où la prétention à la légitimité proprement politique du nombre électoral, de la foule « majoritaire », est absolument infondée, comme nous le voyons tous les jours. Bien entendu, nous devons tout faire pour que le plus vaste public possible, et en particulier le public venu des « basses classes », pour parler comme au XIXe siècle, se presse aux fêtes du grand et vrai théâtre. C'était bien l'idée – sous influence communiste, rappelons-le – des acteurs du théâtre populaire et de la décentralisation, Vilar en tête, juste après la Seconde Guerre mondiale. Cela suppose, non pas du tout qu'on copie ou admire les spectacles du divertissement – au sens où j'en ai parlé à l'instant –, mais qu'on déploie une figure militante du théâtre : partant de l'idée que l'action théâtrale est destinée à tout le monde (tout comme doit l'être la politique d'émancipation), on a tout simplement le devoir de rallier la masse des gens au théâtre réel, à celui qui continue d'éclairer notre existence et notre situation historique au-delà, ou en dehors, de l'opinion dominante. Du reste, vous-même, à partir de quel critère distinguez-vous les « bonnes » comédies musicales, celles où Fred Astaire s'illustre, par exemple, de celles qui ne sont que des divertissements médiocres ? Et comment sépareriez-vous Devos – qui est une sorte d'écrivain surréaliste, un maître du langage, que j'admire infiniment – de tant de sinistres amuseurs contemporains ? Pourquoi le burlesque de *Charlot soldat*, ou les stupéfiantes comédies de Courteline, sont-ils d'une autre nature que les prestations des pétomanes et des comiques troupiers ? Pourquoi les jeunes peuvent-ils encore chanter Brassens ou Brel au milieu du cimetière de tant de chanteurs sirupeux ou faussement « rebelles » ? Tous les termes de ces comparaisons méritaient de leur vivant le qualificatif de « populaire », au sens où il s'agissait de gens très connus, très vendus. Vous voyez bien du coup que ce critère ne peut donner sens à la différenciation fondamentale que vous-même proposez. Vous devez inévitablement revenir à la distinction – oui, la distinction, que je défends contre la connotation négative que la sociologie de Bourdieu lui accole – entre le domaine de l'art, invention de formes neuves adéquates à une distance prise avec ce qui domine, et le domaine du divertissement, qui est une pièce constitutive de la propagande dominante. Le théâtre exige tout particulièrement qu'on active sévèrement cette distinction. Car il est, comme le proclame Mallarmé un « art supérieur ».

Pourquoi le théâtre est-il menacé sur sa gauche ?

Du côté gauche, ou gauchiste, la thèse contemporaine est plutôt de considérer que le théâtre a vécu, qu'il faut le surmonter de l'intérieur de lui-même et le déconstruire, critiquer toute forme de représentation, tendre à une certaine confusion volontaire entre tous les arts du visible et du son, organiser une indistinction entre le théâtre et la présence directe de la vie, faire du théâtre une sorte de cérémonie violente consacrée à l'existence des corps. D'où une certaine méfiance à l'égard du texte, tenu pour trop abstrait, trop conventionnel. Cela peut aller, dans certaines formes du théâtre de rue, jusqu'à un simple décalage, presque imperceptible, entre ce que fait l'acteur (marcher dans la rue, demander son chemin, regarder en l'air, etc.) et ce que fait n'importe qui. Ce décalage va « montrer » la vie ordinaire en la jouant au plus près d'elle-même et dans son propre lieu. C'est l'idée d'un théâtre sans théâtre, d'une présence du jeu au ras de ce qui n'est pas joué, ou n'est que le jeu social ordinaire. L'idée que le théâtre doit abolir la représentation et devenir une monstration. Mais surtout pas une dé-monstration. La critique ne doit jamais devenir, dans l'esprit gauchiste, une didactique.

En un certain sens, il s'agit de soumettre le théâtre à la même discipline critique que les arts plastiques depuis le début du XXᵉ siècle. On sait que Duchamp déjà, avant la guerre de 14, énonçait les principes d'une fin active de l'art de peindre et proposait que la simple exhibition volontaire d'un objet quelconque soit tenue pour un geste artistique. De même, on revendique aujourd'hui – mais « aujourd'hui » remonte à loin, ces idées figurent déjà chez Artaud, ou encore dans les tentatives du Living Theater, tout comme, sous des formes rénovées, dans l'école flamande, avec Jan Fabre, ou aussi bien, de façon plus picturale, avec le travail de Romeo Castellucci – le droit pour le théâtre de cesser d'être un spectacle, une représentation, pour un public séparé. Le théâtre peut et doit, dans cette vision des choses, devenir un geste collectif, mêlant les corps, les images vidéo, des musiques violentes, les interpellations provocatrices…

Mais ne réduisez-vous pas cet art postdramatique, que vous qualifiez de « gauchiste », à l'exhibition violente des corps nus, gimmick en effet assez éculé d'une certaine avant-garde ? N'est-il pas à l'origine d'œuvres immenses, qui vont du théâtre pataphysique d'Alfred Jarry au théâtre-danse de Pina Bausch ? Le dépassement du conservatisme esthétique ne peut se faire sans recherche ni expérimentation formelle…

Bien entendu ! Je ne vais certes pas dire que toutes ces tentatives sont vaines ou nuisibles. Je ne vais pas rejoindre la cohorte de ceux qui déplorent le « non-art » du XXᵉ siècle, ou sont consternés par certains spectacles d'Avignon. L'expérimentation est absolument nécessaire dans l'art, comme du reste elle l'est en politique.

C'est bien pourquoi je mets dans le même sac tous ceux qui pleurent sur l'art défunt et accusent les expérimentations contemporaines et ceux qui, au vu de ce qu'ont été les politiques révolutionnaires, rejoignent la réaction. Mais on peut poursuivre la comparaison : de même qu'il faut tirer les leçons des dégâts commis par un gauchisme unilatéral et violent en politique, de même il faut reconnaître que l'expérimentation purement critique, l'idée d'une abolition immédiate de toutes les formes de la représentation théâtrale, la promotion exclusive du théâtre sans théâtre, tout cela ne peut constituer à soi seul une orientation solide pour l'avenir du théâtre et son lien élargi aux populations dont il demeure éloigné. Prises isolément comme doctrine générale du « théâtre » aujourd'hui, les tendances critiques et négatives menacent le théâtre, car leur radicalité, lorsqu'elle s'installe comme une orientation dominante, est nécessairement destructrice. Vous savez bien que je ne suis certes pas opposé, par principe, à la violence ou à la destruction. Mais cette constante négation du théâtre de l'intérieur de lui-même, obtenue, de façon finalement monotone, par une sorte d'appétit démesuré du réel, de la présence pure, du corps nu écartelé et supplicié qu'on exhibe sur scène dans la violence de sa présence, tout cela combiné avec des lumières spectaculaires, des images-chocs et une sonorisation péremptoire, ne peut et ne doit pas constituer le tout du théâtre. C'est un problème que nous connaissons bien en politique : la négation, doctrinalement ramenée à elle-même, n'est jamais porteuse par elle-même de l'affirmation. La destruction détruit le vieux monde, ce qui est nécessaire, mais les moyens qui sont les siens échouent quand il s'agit de construire. Nous avons pu croire au XXe siècle, dans l'enthousiasme des premières révolutions victorieuses, que la destruction du vieux monde se prolongerait d'elle-même en avènement de l'homme nouveau, mais nous savons aujourd'hui, au prix de terribles expériences, que ce n'est pas vrai. Ça ne l'est pas dans l'histoire des politiques, ça ne l'est pas non plus dans l'histoire des arts, et notamment dans celle du théâtre. C'est bien pourquoi le motif des « avant-gardes » n'est plus actuel.

Vous avez vu et aimé Parsifal, *l'opéra de Wagner mis en scène au Théâtre de la Monnaie à Bruxelles par le metteur en scène italien Roméo Castellucci, éminent représentant de ce théâtre postdramatique, dans lequel le*

personnage central était tantôt une forêt miri-
fique, tantôt un peuple marchant sans arrêt
sur un tapis roulant : ce théâtre ne permet-il
pas de s'orienter dans la confusion des
temps ?

Ma position sur les inventions de l'art n'est jamais négative par principe. Je sais et j'accepte que les orientations de théâtre visant à nous guider dans le chaos marchand contemporain oscillent entre plusieurs possibilités. Il y aura des inclinaisons vers le chorégraphique et/ou le spectaculaire. Vers la fascination du visible ou vers l'énergie pure des corps. Je n'ai pas de doctrine sur ce point, et je pense qu'il y a des expérimentations très intéressantes dans cet espace. Prenons un autre exemple que celui que vous rappelez : considérons la mise en scène par l'artiste flamand Jan Fabre du *Tann-häuser* de Wagner, également au Théâtre de la Monnaie à Bruxelles. Le premier tableau de l'opéra se situe dans le palais de l'érotique éternel : le schéma dramatique est en effet l'opposition entre Vénus, qui incarne l'érotisme sacré, et Élisabeth, qui représente dans le monde de la chevalerie la sainteté de l'amour véritable, platonicien et désintéressé, et dont la référence est la figure de la Vierge Marie. Le personnage de Tannhäuser oscille entre l'une et l'autre et tentera de se faire absoudre de ses péchés avec Vénus par le pape. Dans la réalisation de Jan Fabre, le palais de Vénus était représenté par des femmes nues enceintes avec des échographies de fœtus projetées en vidéo dans le fond de scène. On m'avait averti, on m'avait décrit la mise en scène avant que je voie le spectacle. Je suis donc arrivé quelque peu inquiet, voire convaincu qu'il s'agissait d'une provocation stérile de type gauchiste. Or, je dois dire que c'était splendide. On représentait pour la première fois ce que Wagner avait en tête : la séduction non pas d'un bordel pornographique, mais de la sexualité comme emblème de la puissance créatrice. Ces images de fœtus et ces femmes nues qui montraient sans problème leur ventre fécond célébraient la perpétuation innocente de la vie. C'était magnifique. J'ai dû m'avouer vaincu : il faut savoir s'incliner devant la puissance du théâtre. J'étais venu avec des idées toutes faites, des opinions mal fondées, qui ont été vaincues et annulées par la représentation. Ce qui prouve que nous, spectateurs, sommes bien loin d'être passifs, même immobilisés dans les fauteuils d'une loge d'opéra.

Au deuxième acte, les pèlerins qui vont à Rome pour se faire pardonner leurs péchés étaient représentés comme une gigantesque troupe de clowns : c'était également magnifique. Il ne s'agissait pas du tout d'une dérision facile. Il s'agissait de donner à voir que ce cortège de pèlerins marche dans une sorte de foi triste, de conviction secrètement parodique – *Tannhäuser* énonce en effet par la suite que cette procession n'a aucun sens, que le pape est un pauvre type et que ces pèlerins sont les clowns de leur propre croyance. Voilà un exemple de mise en scène cherchant du côté de ressources imprévues, d'imageries paradoxales, qui en réalité donne de l'opéra *Tannhäuser* la plus forte représentation contemporaine que j'aie jamais vue. Lorsqu'ils atteignent leur cible, les moyens théâtraux qui font propagande sur leur capacité à déconstruire les figures théâtrales antérieures régénèrent en fait les œuvres qu'ils traitent. L'invention théâtrale réelle fait retour, quels que soient ses choix idéologiques et techniques, et agit sur la scène au présent, un présent qui tient compte de ce que l'on sait de l'histoire ou des sciences, qui invente des fables contemporaines efficaces et qui incorpore tout ça à l'œuvre – à Wagner, par exemple –, montrant ainsi son caractère prophétique. Non seulement Wagner était compatible avec cette mise en scène, mais c'est même cette dernière qui faisait qu'on entendait véritablement sa musique. Ce sont là des options d'apparence provocatrice, voire falsificatrice, dont il faut faire l'expérience soi-même au cas par cas. Je m'apprêtais à siffler et je suis sorti vaincu et admiratif.

II

Théâtre et philosophie, histoire d'un vieux couple

Depuis leur naissance conjointe en Grèce, théâtre et philosophie ont selon vous traversé, comme un vieux couple, deux mille cinq cents ans d'Histoire. On trouve aujourd'hui des traductions et éditions récentes de Platon ou d'Aristote dans tous les pays du monde, et on y joue Sophocle ou Aristophane sans discontinuer. Comment se fait-il que le théâtre et la philosophie aient une histoire à la fois concomitante et concurrente ?

C'est une histoire très trouble. Elle s'apparente à celle d'un vieux couple qui arrive à surmonter le système de ses innombrables querelles, un couple qui triomphe de ce qui l'oppose. Dès le début, le théâtre part avec un

31

avantage primordial sur la philosophie : il rassemble les foules, tout particulièrement en Grèce antique, où les concours de théâtre, comédie et tragédie, se déroulent en plein air devant des milliers de personnes, et où produire des pièces est une sorte d'obligation civique. À l'époque, la philosophie est certes elle aussi une activité principalement orale. Mais elle se transmet dans de petits groupes de discussion, sous l'impulsion d'un maître qui tente d'être loyal, d'éviter autant que faire se peut les effets spectaculaires.

Platon analyse avec une grande subtilité les avantages et les risques du théâtre. Le théâtre produit sur les spectateurs des effets d'une force considérable : il les émeut, il les transporte, il se fait applaudir ou huer, c'est une vibration vivante. Les idées que propage le théâtre, sa sourde propagande pour une certaine vision de l'existence, sont aux yeux de Platon extraordinairement efficaces : c'est parce qu'il a cette efficacité que le théâtre mérite d'être surveillé et souvent condamné. Notons que cette efficacité redoutable est portée à son comble dès son origine grecque, car il y déploie presque immédiatement la totalité de ses possibilités. Le théâtre grec antique était en réalité très proche de l'opéra wagnérien, il comportait de la musique, de la danse, des chœurs, des chants, des machines permettant de faire apparaître les dieux dans le ciel… Avec ces puissants moyens, la tragédie la plus intense et la comédie la plus débridée viennent surprendre et captiver la foule. Tout cela a surgi avec le théâtre lui-même, d'emblée, là où la philosophie a connu des débuts pénibles et contestés. On applaudit Sophocle, mais on condamne Socrate à mort, après que, sur la scène, dans sa pièce *Les Nuées*, Aristophane s'est férocement moqué de lui. Platon a évidemment noté, dans sa méfiance à l'égard du théâtre, que ce dernier a beaucoup utilisé son avantage initial contre les philosophes.

Il y a en somme, entre théâtre et philosophie, un aspect de rivalité dans la conquête des esprits. Mais le fond de l'affaire est ailleurs : les moyens utilisés par le théâtre et les moyens que propose la philosophie sont pratiquement opposés. Le théâtre propose de représenter sur scène des figures et des fragments du réel de nos vies et de laisser au spectateur la tâche de tirer les leçons de cette représentation de l'existence individuelle et collective ; la philosophe se propose d'orienter l'existence. La philosophie, comme le théâtre, vise à analyser l'existence humaine, mais la philosophie le fait sous le signe de l'idée : qu'est-ce qui peut orienter notre existence et ne pas l'abandonner aux contraintes extérieures qui sont les siennes ? Au fond, théâtre et philosophie ont la même question : comment s'adresser aux gens de façon à ce qu'ils pensent leur vie autrement qu'ils ne le font d'habitude ? Le théâtre choisit le moyen indirect de la représentation et de la distance, tandis que la philosophie choisit le moyen direct de l'enseignement, dans le face-à-face entre un maître et un auditoire. Nous avons d'un côté l'enseignement par l'équivoque voulue de la représentation face à un public rassemblé, de l'autre l'enseignement par l'argumentation univoque et le dialogue, face à face, qui sert à en consolider les résultats subjectifs.

Au livre III de La République *Platon chasse les poètes de la cité, mais lui-même écrit des dialogues qui relèvent d'une forme de théâtralité...*

J'ai moi-même souligné cet apparent paradoxe platonicien, qui est comme l'étrange solution d'un problème, celui du rapport, en philosophie, entre l'émotion subjective, tirée vers la poésie, et la démonstration, tirée vers les mathématiques. Mais il y a au fond une raison plus simple : Platon sait que, dès qu'on s'attaque au théâtre, on a perdu d'avance. C'est pourquoi il va donner à la philosophie, quand il finit par l'écrire, une forme théâtrale. Il est absolument stupéfiant que le plus grand ennemi du théâtre dans la philosophie soit quelqu'un dont on joue les dialogues au théâtre. Le malheureux a eu comme destin d'être reversé au théâtre. Et pourtant, quelle violence dans sa critique du théâtre, tout du long de son grand dialogue *La République* ! Le théâtre est pour lui une imitation du réel qui, loin d'en produire une vraie connaissance, nous enfonce sentimentalement dans le semblant et l'erreur. Le théâtre est plus éloigné encore de l'idée vraie que ne l'est l'opinion banale, car il ajoute à ces opinions troubles le pouvoir de la fausse émotion que produit le jeu de l'acteur. Mais, finalement, cette diatribe est inopérante, le théâtre ne cesse d'en triompher. C'est que toute attaque contre le théâtre oublie qu'il constitue un ensemble de possibilités extrêmement complet. Les orientations possibles du théâtre sont d'une diversité extraordinaire : on peut faire un monologue nu avec trois mots, ou des spectacles énormes avec des décors, des dizaines d'acteurs, se servir d'un texte littéraire ou poétique… Parler du théâtre est difficile si on ne prend pas en compte la palette extraordinaire des moyens du théâtre. Chaque fois qu'un philosophe attaque le théâtre, il ne se rend pas compte qu'en réalité il est en train de soutenir une forme de théâtre contre une autre. La querelle qu'il intente au théâtre comme personne extérieure devient nécessairement une querelle intérieure, car le théâtre a tous les moyens d'incorporer cette querelle à lui-même : rien n'intéresse plus le théâtre que de discuter du théâtre sur scène. La théâtralisation des objections faites au théâtre est immédiate. Voyez *La Critique de l'École des femmes* par Molière, où la discussion critique sur une pièce devient le sujet d'une autre ; voyez tout le théâtre de Pirandello, où la confrontation entre la vie proprement dite et la vie théâtrale sert de matrice à une théorie purement théâtrale de la vérité ; voyez ma propre pièce *Les Citrouilles*, inspirées des *Grenouilles* d'Aristophane, lui confrontant sur scène Eschyle et Euripide, moi Brecht et Claudel : rien de ce qu'on peut dire pour ou contre le théâtre n'est soustrait au théâtre lui-même.

Notons du reste que les philosophes qui critiquent le théâtre ne sont pas au-dessus de tout soupçon : vous avez parlé des dialogues de Platon, mais Rousseau, un autre ennemi féroce du théâtre, comme on le voit dans *La Lettre à d'Alembert sur les spectacles*, ne fait que soutenir une possibilité du théâtre : au théâtre qui représente et fait admirer les passions négatives, qui se moque des gens sincères et maladroits, au théâtre qui fait s'identifier le spectateur à des lâches, des despotes ou des opportunistes, Rousseau oppose la fête civique, où le peuple cesse d'être spectateur et se rassemble pour affirmer sa présence. À un théâtre de la représentation *pour* le peuple Rousseau oppose un théâtre de la présentation *du* peuple lui-même. C'est de ce théâtre fait d'une mise en forme de la foule que s'inspireront les conventionnels de la Révolution française, notamment lors de la fête de l'Être suprême. Mais, après tout, la fête civique n'est en fin de compte qu'une des infinies ressources du théâtre.

Au fond, théâtre et philosophie visent à créer chez les sujets une nouvelle conviction. Et il y a une sorte d'inévitable querelle concernant les moyens les plus appropriés pour obtenir cet effet. Cependant, je crois qu'il faut aller vers une alliance plutôt que vers un conflit, car les attaques spéculatives contre le théâtre renforcent le théâtre. Le théâtre est la plus grande machine jamais inventée pour absorber les contradictions : aucune contradiction apportée au théâtre ne lui fait peur. Toutes, au contraire, constituent pour lui un nouvel aliment, comme le montre le fait qu'on joue Platon sur scène. Je donne ce conseil aux philosophes : n'attaquez jamais le théâtre. Faites comme Sartre, comme moi, et aussi comme Rousseau et Platon, en dépit des apparences : préférez écrire votre propre théâtre que dénoncer celui des autres.

À la suite de Rousseau, des philosophes s'en sont pris au théâtre car il sépare les acteurs et les spectateurs, les actifs et les passifs. Le spectateur est largement méprisé par la critique esthétique et la radicalité politique. Dans Le Spectateur émancipé, Jacques Rancière a voulu défaire ce poncif qui, de Platon à Guy Debord, fait du théâtre, des images et de la représentation des scènes d'illusion. Rancière retourne l'argument et se demande si ce n'est pas justement « la volonté de supprimer la distance qui crée la distance ». Autrement dit, la critique du spectacle induit une inégalité de position et de condition entre celui qui fait et celui qui regarde à laquelle nos avant-gardes devraient faire attention. D'autant qu'un spectateur ne reste pas inactif mais compare, relie, critique et « compose son propre poème avec les éléments du poème en face de lui ». Partagez-vous cette analyse ?

Ces questions animent la vie théâtrale depuis longtemps et ont été au cœur des débats du XXe siècle sur le théâtre : on a polémiqué sur le remplacement de l'identification par la distanciation, on a critiqué la passivité du spectateur, on l'a convoqué sur la scène, on l'a interpellé, on l'a fait danser de force, bref, on lui a imposé toutes sortes d'épreuves pour montrer qu'il n'était pas passif. Les démonstrations de ce type, destinées à sortir le spectateur de sa passivité, sont en général le comble de la passivité, car le spectateur doit obéir à l'injonction sévère de ne pas être passif... Les gens de théâtre cherchent souvent à abolir la barrière entre eux et les spectateurs. On les comprend, leurs raisons sont respectables : il est bien vrai que le théâtre n'a pas pour vocation de basculer du côté du spectacle, c'est-à-dire de l'image. Il importe donc que le spectateur ne soit pas unilatéralement fasciné par la transcendance de l'image. La meilleure manière de faire est à mon avis quand même de souligner que la subjectivité du spectateur est l'enjeu essentiel et qu'elle n'est pas nécessairement passive, même si le spectateur reste assis sur sa chaise. On a parlé du transfert, c'est-à-dire de quelque chose qui transforme la subjectivité par une sorte d'incorporation mentale à la dialectique du théâtre. Dans ses livres, par exemple dans *Le Spectateur*, aidé par sa profonde connaissance de la psychanalyse et de Lacan, François Regnault a étudié les dédales du transfert théâtral, du mode sur lequel une représentation touche, voire modifie les structures subjectives. Il montre bien que les effets subjectifs du théâtre peuvent être d'autant plus forts qu'ils sont indirects, et que leur ressort proprement dramatique reste invisible. Ces effets peuvent parfaitement s'inscrire dans l'inconscient du spectateur sans que ce dernier fasse semblant d'être un acteur quand, à l'évidence, il ne l'est pas. La méthode de la participation matérielle au spectacle est un procédé que l'on peut pratiquer, mais qui n'a pas de monopole particulier à revendiquer. Rien n'est plus désastreux que les efforts laborieux pour extorquer une « participation » à des gens qui ne la désirent aucunement. En revanche, il peut arriver que l'intervention sollicitée prenne vraiment. C'est le cas ici même, à Avignon, de la pièce d'Ibsen, *Un ennemi du peuple*, mise en scène par Thomas Ostermeier. Il y a à la fin un grand discours du héros de la pièce, du reste largement trafiqué par rapport à la tirade écrite par Ibsen puisqu'il est composé d'un extrait de *L'Insurrection qui vient*, le texte du Comité invisible, et un jugement de ce discours par d'autres protagonistes qui descendent dans la salle et « couvrent » de leur autorité d'acteurs des interventions venues du public. J'ai pu voir l'énergie dégagée par tout ça, l'implication théâtrale de la salle entière, le côté « meeting populaire » qui s'installe un moment et la virtuosité avec laquelle le montage de la scène organise le retour au théâtre pur après cet intermède collectif. Mais une telle réussite est très rare.

En fait, la transformation subjective du public dépend de la réussite proprement théâtrale de la représentation. Elle engage tous les ingrédients du théâtre : costumes, décors, texte, lumières, jeu des acteurs, occupation de l'espace, musiques, vidéos…, et elle ne peut se réduire à une manipulation concertée et formellement « participative » du public. Si la représentation est forte, elle doit provoquer des transferts subjectifs, des transformations qui adviennent même si le spectateur est immobile. On peut en revanche très facilement imaginer une pantomime d'activité de spectateurs qui les maintient en réalité dans la passivité. Il ne s'agit pas d'un problème de technique théâtrale particulière, mais bien de savoir si le théâtre est présent, si l'événement de pensée a lieu théâtralement. Dans les conceptions réactives de droite dont nous avons parlé, qui voient le théâtre comme musée, comme représentation, comme appareillage technique parfait, l'idée que le théâtre « ait lieu » est une notion absente. Le basculement dans l'image ou la chorégraphie provoque l'installation de la passivité. Et quand il y a passivité, le théâtre a cessé d'être du théâtre. Mais cela peut arriver aussi bien sous l'empire de la conception réactive « de gauche » : organiser la participation effective du public, le déplacer, l'interpeller, faire monter des gens sur la scène, etc., peut parfaitement n'être qu'une fiction d'activité, voire le comble du conformisme, et aboutir à l'annulation de la puissance subjective du théâtre.

Le théâtre a-t-il intégré la critique originelle qu'on lui a adressée ?

On peut critiquer le théâtre sans prôner sa disparition. On peut même, et on doit, théâtraliser la critique du théâtre. Je l'ai souligné : le théâtre n'a cessé de produire sa propre critique. Je ne dis pas que la critique du théâtre est réservée au théâtre, mais que la critique de la théâtralité comme telle est une critique que le théâtre peut absorber : vous ne trouverez pas meilleure critique de la théâtralité que dans les pièces de Pirandello, par exemple. Voyez notamment l'étonnant personnage de la grande actrice dans la pièce *Se trouver*, et la féroce critique du « milieu » théâtral qui va avec. Pour ce qui est de dénoncer la confusion entre l'imaginaire et le réel, le théâtre est le plus efficace des moyens, alors qu'on lui reproche de la perpétuer. Je crois en définitive que le théâtre viendra à bout de toutes les critiques qu'on lui adresse depuis Platon, et dont il faut toujours se souvenir que les plus dures, les plus suivies d'effet, ont été les anathèmes religieux. N'y a-t-il pas quelque chose d'encore religieux dans les diatribes contre le spectacle ? Les critiques de la théâtralité comme mimétique conservatrice de la société du spectacle faites par Guy Debord, par exemple dans le film *In girum imus consumimur igni*, puisent largement dans l'imagerie cinématographique, qu'il prétend utiliser et parodier sans en être lui-même atteint. Mais aujourd'hui, les films de Debord font partie de la société du spectacle, c'est un répertoire comme un autre, devenu même assez snob. Finalement, le point essentiel de notre discussion n'est pas le théâtre lui-même, mais la discussion philosophique sur le rôle de l'apparaître dans la pensée. Ce n'est pas un problème qu'on puisse limiter au théâtre. Dans les conditions qui sont les nôtres, le théâtre est victorieux de ses critiques parce qu'il les incorpore, et le cinéma l'est aussi parce qu'il a le pouvoir de les ignorer.

Des philosophes ont pris la défense du théâtre contre la philosophie. D'une certaine manière, en opposant la figure apollinienne contre la figure dionysiaque, la rationalité contre la puissance du tragique, Nietzsche n'a-t-il pas opéré un renversement qui reste d'actualité ?

Nietzsche n'y est pas allé de main morte : n'oubliez pas qu'il a écrit que le philosophe était le « criminel des criminels » ! Et comme sa vision aphoristique et vitaliste de la pensée ne reculait jamais devant le paradoxe, il a aussi stigmatisé le théâtre. Après l'avoir encensé comme celui qui ressuscitait Eschyle, il a vilipendé Wagner, l'accusant de céder à une théâtralité hystérique. En réalité, ce que Nietzsche a en apparence « renversé » n'est jamais qu'une répétition, la répétition du geste platonicien. Ce geste consiste à dire que la rectitude vitale de la pensée, son élan, sa puissance ne peuvent s'encombrer des semblants et des artifices du théâtre, de ce que Nietzsche appelle la dimension « féminine » du théâtre. Et que cependant, en même temps, il peut exister un « vrai » théâtre originel, proche en réalité de la poésie plus que de la représentation, qui traduit directement dans le lyrisme de la langue ce que Nietzsche appelle la « puissance inorganique de la vie ». Sur ce point, Monique Dixsaut a raison de rapprocher l'antiplatonisme affiché de Nietzsche de Platon lui-même ! Platon et Nietzsche ont en commun de désirer que la pensée soit un mouvement et non un ordre, une conversion de l'être entier et non une étude académique, une exigence vitale et non une morale traditionnelle. Et en ce point, ils ont l'un et l'autre recours à la fable, à l'allégorie, au dialogue, à des moyens poétiques et théâtraux. Les poèmes de Zarathoustra sont frères des mythes de Platon. Mais tous les deux se méfient de ces moyens, qui sont aussi ceux de l'illusion et de la tromperie. Tel est le paradoxe du rapport de la philosophie au théâtre : adoration et suspicion sont inévitablement mélangées.

Quels sont les philosophes qui ont le mieux parlé du théâtre ? Quels sont les théoriciens du théâtre les plus féconds ?

Je ne veux pas m'engager dans une distribution des prix. Ce qu'il faut bien voir, c'est que, quand un philosophe propose une théorie du théâtre, il poursuit des buts philosophiques et non pas théâtraux. Ainsi, pour Diderot, il s'agit de prouver que l'imitation d'une passion n'est absolument pas la même chose que la passion elle-même. L'acteur compose artificiellement la passion, il ne l'éprouve pas. Mais pourquoi est-ce important ? En définitive, pour montrer que la vraie passion relève de la nature, qu'elle a une base spontanée et vitale, et que la psychologie des passions est une partie de la physiologie des émotions du corps. Le but poursuivi est donc de consolider une forme du matérialisme. Brecht lui-même – il le dit – a pour but essentiel, au-delà de l'analyse théâtrale, mais étroitement liée à elle, de créer une société des « amis de la dialectique ». Pourquoi ? Pour améliorer le matérialisme dialectique, le vitaliser au contact du théâtre, et ainsi rendre justice à la philosophie du camp prolétarien et révolutionnaire. Après quoi les vrais servants de l'activité théâtrale, metteurs en scène, acteurs, critiques, peuvent faire de ces intentions philosophiques nouées au théâtre l'usage qui leur convient.

Pourquoi le philosophe est-il si souvent ridiculisé dans les pièces de théâtre, d'Aristophane à Marivaux ? Est-ce en raison de cette concurrence originelle ?

La comédie, je l'ai rappelé, tente de créer un rire paradoxal : un rire dirigé contre cela même qui fait l'opinion dominante, y compris celle des spectateurs. Le philosophe visé par le théâtre n'est jamais, si on y regarde de près, que la représentation du philosophe par la tradition : distrait, coupé des réalités, amateur de concepts abstrus et inutiles, et surtout – car cela crée de vraies situations théâtrales – amoureux pitoyable.

Ce schéma renvoie à un lieu commun – lui-même philosophique –, qui est l'opposition de la Raison et de la Passion. En faisant rire du philosophe ascétique et rationnel qu'un jupon affole, on se moque en réalité de cette opposition parfaitement factice, quoique fortement présente, y compris dans le discours universitaire pseudo-philosophique. Mais, après tout, c'est Platon qui le premier joue ce jeu. C'est lui qui décrit un des premiers philosophes, Thalès, tombant dans un puits qu'il n'a pas vu, parce qu'il marche, pris dans ses pensées d'astronome, la tête en l'air, scrutant dans le ciel le mouvement des astres. Et c'est bien d'une comédie qu'il s'agit, car à ce spectacle, le peuple, représenté chez Platon par une servante thrace, éclate de rire. À cet égard, la philosophie se montre aussi lucide que la comédie : le philosophe, singulièrement le philosophe reclus dans l'Université, n'a pas plus de raisons d'être épargné que le vieux barbon, le politicien, le militaire matamore, le vieil avare ou la coquette hypocrite, dès lors qu'on tente d'échapper aux lieux communs moralisants.

Y a-t-il une « scène philosophique », comme le dit la philosophe Sarah Kofman ? Et si oui, qui sont les tartuffes, les Alceste et les médecins malgré eux ?

Les tartuffes sont les « philosophes » qui font semblant d'être isolés, à contre-courant, drapés dans leur défense des Droits et des Libertés, alors qu'ils mangent à tous les râteliers du pouvoir d'État, sont omniprésents dans les médias et ne font que mettre en forme les lieux communs de la propagande générale pour l'ordre « occidental » établi. Les Alceste sont ceux – comme moi ? – qui ne font pas de quartier quand il s'agit des tartuffes, qui exigent qu'on fasse ses preuves en matière d'indépendance intellectuelle et de solidarité active avec les vérités, y compris politiques, si peu répandues soient-elles ; ceux qui considèrent comme des renégats tous les intellectuels qui, ayant fait à un moment ou à un autre, notamment dans la période 1960-1980, l'expérience réelle des conséquences d'une philosophie de l'émancipation, sont revenus ensuite au bercail, se sont installés dans les opinions dominantes et ne cessent depuis de tenter de justifier leur abandon personnel en multipliant les sophismes généraux. Les médecins malgré eux ? Peut-être ceux qui croient de leur devoir de philosophes de proposer à tout moment des roues de secours pour le char de l'État parlementaire qui vient de verser dans le fossé.

Peut-on faire du bon théâtre avec de la philosophie ? À quelles conditions peut-il y avoir un théâtre philosophique ?

L'expression « théâtre philosophique » me gêne, comme du reste les expressions « théâtre politique » ou « théâtre psychologique », ou même « théâtre épique ». Je vois bien ce que sont les différences entre comédie et tragédie, mais, pour le reste, il ne me semble pas qu'il soit pertinent d'affubler le mot « théâtre » de quelque adjectif que ce soit. Pas plus, soit dit en passant, que je n'admets les expressions « philosophie des mathématiques », ou « philosophie politique », ou « philosophie esthétique »... Ce sont là des catégories de l'Université, et la philosophie, idéalement, pour reprendre une distinction de Lacan, c'est le discours du Maître, et non pas le discours de l'Université. En philosophie ne comptent que les grandes philosophies, sans adjectif d'aucune sorte. Cela vaut pour le théâtre. Cela dit, la philosophie peut parfaitement être un des matériaux du théâtre. C'est visiblement le cas pour le théâtre de Goethe, de Schiller ou de Lessing. Il y a pas mal de philosophie dans certaines pièces de Marivaux, et beaucoup dans les plus grandes de Pirandello ou d'Ibsen. C'est évidemment le cas aussi pour le théâtre de Sartre, ou pour le mien. Et votre *Projet Luciole*, la pièce dont vous êtes le concepteur et le metteur en scène, cher ami, ne fait-il pas entendre sur scène, sans que le jeu proprement théâtral disparaisse le moins du monde, de nombreux textes de provenance purement philosophique ?

III

ENTRE LA DANSE ET LE CINÉMA

La danse est selon vous une « métaphore de la pensée », alors que le cinéma serait fait de « faux mouvements ». Qu'est-ce alors que le théâtre pour vous ? Est-ce un théâtre des idées, au sens où l'entendait Antoine Vitez, qui voulait montrer comment sur scène les idées faisaient ployer les corps des comédiens ?

Vous avez raison d'évoquer le problème des rapports entre la danse, le cinéma et le théâtre. On tente souvent de constituer une opposition entre un théâtre du corps et un théâtre du texte. C'est une opposition grossière, mais qui sert de guide à toute une série d'entreprises contemporaines. Je pense pourtant que ce n'est pas la bonne entrée. Situer le théâtre contemporain par rapport à la danse et au cinéma, qui relèvent l'une de la musique-corps, l'autre du texte-image, me semble plus fécond. Notons d'abord que les liens du théâtre d'un côté au registre du corps et de l'autre au registre de l'image sont essentiels dès le début et se poursuivent tout du long. Un auteur comme Molière manie aussi bien les coups de bâton qu'un valet assène à de vieux grigous que les subtilités de l'alexandrin élégiaque par lequel un amant mélancolique se plaint de sa maîtresse. Boileau avait beau dire que, « dans ce sac ridicule où Scapin s'enveloppe », il ne reconnaissait pas l'« auteur du *Misanthrope* », le fait est que la grandeur de Molière était précisément de mêler l'énergie corporelle et verbale de la farce à l'expression textuelle raffinée des passions et des décisions. On trouve du reste chez Molière, du côté du corps, non seulement la présence effective et réelle de l'acteur qu'il était lui-même, mais quelques-uns de ces compromis avec la danse qui jalonnent l'histoire du théâtre : Molière collaborait avec Lully et les chorégraphes, et la danse, comme relation visible entre la musique et les corps, était interne au spectacle théâtral. Tout un versant du plus grand théâtre « de texte », et ce depuis la tragédie grecque, est orienté vers une discipline du corps qui se donne à l'état pur dans la danse.

La latiniste Florence Dupont insiste sur le fait que nous jouons aujourd'hui Sophocle ou Euripide sans musique ni danse, un peu comme si on jouait le livret de Da Ponte de Don Giovanni *sans la musique de Mozart...*

C'est tout à fait exact, mais il ne faut pas exclure que l'histoire du théâtre puisse être aussi une sorte de purification permanente de sa propre essence, au détriment des liens trop visibles avec la musique, la danse ou l'image. C'est que le rapport entre théâtre et danse est en vérité très tendu, très paradoxal. Le corps muet – le mime – est à la lisière des deux, mais il montre aussi que le théâtre doit à la fois savoir se rapprocher de la danse et savoir la fuir.

Comme musique et danse, l'image est omniprésente dans le théâtre depuis les origines : il y avait des masques, des costumes, des décors, des effets de machine dans le théâtre antique, donc une imagerie spectaculaire.

Il est intéressant de poser que la danse est *l'immanence du corps*, c'est-à-dire un corps qui se présente de l'intérieur de son propre mouvement, et que l'image est au contraire une sorte de *transcendance lumineuse*, une extériorité, qui exerce son pouvoir sur le corps. C'est d'autant plus vrai qu'il y a aujourd'hui des

moyens techniques qui augmentent démesuré-
ment la puissance des images. Je situerais
volontiers le théâtre entre danse et image,
ou entre danse et cinéma, si on entend par
« cinéma » la puissance maximale de l'image
contemporaine. Je tiens à ce que soit maintenu
le « entre », qui signifie que le théâtre est en
relation avec les deux – danse-musique et
image-texte –, mais ne se confond avec aucun
des deux.

Qu'est-ce que la danse accomplit avec perfection ? Spinoza pense et écrit que nous ne
savons pas ce dont un corps est capable. Je
dirai que la danse est la réponse à ce défi de
Spinoza : la danse essaye de montrer ce dont
un corps est capable. Elle est le champ d'expérimentation des puissances non seulement
expressives, mais aussi ontologiques du corps.
Elle cherche à montrer, en immanence au mouvement, ce dont le corps est capable en tant
qu'être, en tant qu'il se déploie devant nous
dans son être. Je pense aux chorégraphies de
Mathilde Monnier, qui peuvent partir de la
marche comme capacité élémentaire du corps,
et tirer de cela des variations étonnantes, qui
déplient devant nous la possibilité intérieure
des corps à « marcher » de mille façons différentes, aussi bien seuls qu'entrelacés aux mouvements d'autres corps.

Alors on dira : il y a des rapports nécessaires entre le théâtre et la danse, mais la question du théâtre ne saurait être de savoir de quoi un corps est capable. Le théâtre ne peut se dissoudre dans ce qui constitue l'essence de la danse. Car le théâtre propose une orientation subjective, dont le corps n'est qu'un des termes. Quand Nietzsche prend la danse comme métaphore de sa propre pensée, faisant dire à Zarathoustra qu'il a « des pieds de danseur enragé », il veut dire qu'il va se tenir au plus près de la vitalité immanente, de la pensée comme possibilité vivante.

Du côté de l'image, la notion-clé, comme l'a déjà vu Platon, est celle de spectacle : l'image est ce qui se propose à la vue et qui est expérimenté par le spectateur éventuel comme une imposition venue du dehors. Une caractéristique du cinéma est qu'il n'a besoin de personne : une fois que le film est fait, il devient totalement indifférent – excepté financièrement... – à l'existence d'un public. Qu'il n'y ait personne pour le regarder ne change rien à son être, alors que l'existence du public est constitutive du théâtre. La danse est l'immanence du corps là où le cinéma est la transcendance de l'image, telle qu'elle peut se répéter, identique à elle-même, sans le recours à un sujet. C'est à vide s'il le faut qu'une image témoigne de ce dont elle est capable en termes d'illusion, de semblant ou de vérité imitée.

Alors on dira : il y a des rapports nécessaires entre l'image et le théâtre, puisque le théâtre est un spectacle et utilise de façon de plus en plus sophistiquée la puissance de l'imagerie. Ce n'est pas rien de voir à Avignon le mur du palais des Papes s'écrouler devant nous, comme les ressources technologiques modernes nous en donnent l'illusion au cours de la pièce tirée du *Maître et Marguerite* de Boulgakov. Mais ce genre d'exploit n'est jamais, ne peut pas être la finalité du théâtre. Il y a des arts de l'image, à commencer par la peinture ou le cinéma, et ces arts de l'image ont leur autonomie propre. L'exploration de ce dont une image est capable, qu'elle imite quelque chose – classicisme – ou qu'elle propose une imagerie issue de ses propres ressources – modernité –, ne contraint aucunement le théâtre à s'identifier à la production des images. Car l'orientation subjective visée par le théâtre – en rivalité, s'il le faut, avec la philosophie, non avec la danse ou l'image – ne peut se dissoudre dans le spectaculaire.

Pensons par exemple au *Faust* de Goethe : quelle mobilisation spectaculaire, que de moments qui appellent de la musique, de la danse, des apparitions surnaturelles, toute une imagerie en traversée des religions et des passions, des pensées et des voluptés venues de tous les siècles ! Des metteurs en scène de premier ordre, comme Vitez, Grüber, Strehler, ont désiré que tout cela devienne du théâtre, et que finalement, même quand on vole au-dessus de la scène suspendu à un fil, même quand Dieu parle dans les nuées, même quand on assiste à des Saturnales diaboliques, quand images, musiques, danses semblent requises pour seulement soutenir l'intensité excessive du texte, même alors, ce soit du théâtre ; que la question ne soit pas de savoir ce dont l'imagerie est capable ni ce que peut un corps, mais s'il est vrai, vrai d'une vérité sensible à chacun, qu'il ne faut pas céder à la tentation de « l'Esprit qui toujours nie », vrai que « l'Éternel féminin nous entraîne vers le haut ».

Situons donc le théâtre entre l'immanence que la danse exalte et la transcendance que l'image présente. Et souhaitons qu'il ne soit absorbé ni par l'une ni par l'autre.

Faut-il donc affirmer qu'il n'y a aucune hybridation possible entre le théâtre et ses cousins que sont la danse et le cinéma, la performance et la vidéo ? Et le texte est-il selon vous un support incontournable du théâtre ?

Le théâtre est, par lui-même, je l'ai admis, quelque chose de toujours impur, une donnée hybride. Cette hybridation ne se confond pas avec la puissance propre de chacun des arts qui la composent, l'immanence des corps d'un côté, la transcendance de l'image de l'autre. Je pense ainsi que l'existence d'un texte, au théâtre, est un support nécessaire, même s'il existe empiriquement de très beaux spectacles sans texte. Le texte est en effet la garantie ultime que le théâtre n'est absorbé ni par la danse ni par l'image. C'est ce qui le maintient dans cet entre-deux, avec des mouvements oscillant tantôt plus du côté de la fascination pour l'image, tantôt plus du côté de l'énergie contagieuse des corps. Le texte est l'ordre symbolique auquel le théâtre se raccroche pour traiter, dans son élément propre, les inévitables négociations avec le corps dansant et avec l'imagerie spectaculaire. Étayé sur la symbolique textuelle, le théâtre peut rester en relation avec ses deux compagnes extérieures sans que cette négociation devienne une capitulation.

Je ne veux pas opposer corps et texte : je pense que le corps est décisif au théâtre mais que le texte fonctionne comme une garantie symbolique que le théâtre ne sera pas absorbé par des zones où commandent des arts qui ont eux aussi à conserver leur indépendance. C'est ainsi que s'explique qu'au long cours ce qui reste du théâtre, ce sont les textes. Les spectacles, résultats de négociations entre la symbolique du texte, le réel des corps et l'imagerie, sont éphémères, puisque ces négociations sont chaque soir remises en jeu. Le théâtre a lieu et il n'en reste que l'armature symbolique à partir de laquelle il a été possible de négocier en toute indépendance avec des zones étrangères, quoique requises.

Évidemment, c'est une forme de modernité que de revendiquer l'éphémère et de désirer la disparition. On peut vouloir que « théâtre » veuille dire : ce qui n'a lieu qu'une fois, et après doit mourir. Mais je suis convaincu que le théâtre peut et doit demeurer dans le retrait symbolique que constitue un texte, et à partir duquel ce qui a disparu en effet, la représentation, le spectacle, la négociation, peut être recommencé, ressuscité.

Cela ne veut pas dire que le texte doit être fétichisé et qu'il constitue l'essence du théâtre, mais qu'il demeure comme trésor symbolique, comme garantie passée que le théâtre a eu lieu et aura lieu. Voilà pourquoi l'entre-deux théâtral me semble suspendu au texte. Il s'agit, tout simplement, de l'éternité du théâtre.

Qu'entend-on par texte de théâtre ? Tout texte peut-il être matière et prétexte à théâtre ?

C'est une question plus intéressante et réelle que l'opposition entre corps et texte : quelle est la nature du texte de théâtre ? Aujourd'hui, la division entre pièce de théâtre et textes qui ne sont pas de nature théâtrale tend à s'affaiblir. Je ne vois pas ce que l'on peut objecter à cela. Il y a longtemps qu'une des ressources du théâtre consiste à chercher quelque chose de théâtral caché dans des textes qui n'ont pas été écrits pour le théâtre. Lorsqu'on change, sur la scène, le style de ce qu'on considère comme du théâtre, lorsqu'on établit une manière neuve de dire les choses en public, on peut découvrir une théâtralité antérieurement inaperçue dans un roman, un poème, voire un discours ordinaire. Cependant, il demeure que le texte de théâtre, quelle que soit sa provenance, est destiné, adressé à un public. Or cette situation est tout à fait opposée à celle de la lecture, qui est la confrontation silencieuse entre un sujet et un texte, une sorte de captation intime. Le texte de théâtre a en commun avec celui de l'orateur, politique, juridique ou sacré, qu'il veut capter l'intérêt d'un auditoire peut-être rebelle ou divisé. Je dirais volontiers qu'alors que la puissance du texte littéraire est insinuante, liée à une temporalité étirée et secrète, celle du texte de théâtre est frontale, liée à la présence immédiate de celui qui le profère. En fin de compte, l'opposition entre le silence des signes noirs sur la page blanche et la musique de la voix qui retentit dans une salle reste essentielle.

Dans Une part de ma vie, entretiens *(1983-1989), Bernard-Marie Koltès dit à propos de sa pièce* Combat de nègre et de chiens *que « chaque personnage a son propre langage. Prenons celui de Cal, par exemple : tout ce qu'il dit n'a aucun rapport avec ce qu'il voudrait dire. C'est un langage qu'il faut toujours décoder. Cal ne dirait pas "Je suis triste", il dirait "Je vais faire un tour". À mon avis, c'est de cette manière que l'on devrait parler au théâtre ». Êtes-vous d'accord avec cette vision de l'écriture théâtrale ?*

Mais on a forcément aussi l'expérience du contraire ! Il y a, fondamental au théâtre, le personnage typé, celui dont justement on attend que le langage porte à la perfection ce qu'il a d'attendu et de singulier. Prenez le Matamore de Corneille, l'Arlequin de Goldoni, un coureur de femmes de Feydeau, un tyran du théâtre grec, un valet de Molière, un monarque de Shakespeare, et aussi bien un personnage d'actrice chez Pirandello, ou ce qu'on a appelé les « clochards métaphysiques » de Beckett : dans tous les cas, la surprise émue ne vient nullement de ce que le langage du personnage doit être décodé, mais au contraire de ce qu'il manie une langue convenue, reconnue ou même stéréotypée. Et la force du théâtre est de faire entendre à la fois une parfaite adéquation au modèle général de ce type de langue et quelques déviations particulières, quelques écarts savamment disposés, dont la surprise va faire, pour le spectateur, comme un petit événement. Ce qui n'interdit pas de recourir à ce que vous préconisez. En vérité, dans son histoire, le théâtre a utilisé toutes les ressources langagières pourvu qu'elles supportent d'être adressées à un public, qu'elles puissent être, si je peux dire, sonorisées.

Pourquoi le théâtre est-il, selon vous, au-delà de la question des langages, un « événement de pensée » dont l'agencement produirait directement des idées ?

On peut appeler « idée » ce qui est la fois immanent et transcendant. L'idée se présente comme plus puissante que nous-mêmes et constitue la mesure de ce dont l'humanité est capable : en ce sens, elle est transcendante ; mais elle n'existe précisément que quand elle est représentée et activée ou incarnée dans un corps : en ce sens, elle est aussi immanente.

Tant qu'elle n'est pas immanente, elle est fantomatique. On appellera idée une orientation dans l'existence qui donne la mesure d'une puissance tout en ayant besoin d'être incarnée. Le théâtre, quand il a lieu, est une représentation de l'idée : nous voyons des corps et des gens qui parlent et nous les voyons se débattre avec la question de leur provenance et de ce dont ils sont capables. Ce que le théâtre montre, c'est la tension entre la transcendance et l'immanence de l'idée. C'est le seul sujet du théâtre. Quand, dans *Le Cid* de Corneille, Rodrigue est en proie à l'idée transcendante de l'honneur, tout le point est qu'il se persuade et persuade les autres qu'il ne peut s'y soustraire, qu'il est capable de ne pas s'y soustraire, alors même qu'en immanence son seul désir, son seul amour véritable, est Chimène, laquelle, étant fille de celui que Rodrigue doit tuer pour sauver en lui-même son idée de l'honneur, ne pourra que rompre avec lui. On dit souvent qu'on a là une contradiction entre la gloire et l'amour. Mais, en fait, ce qui fait théâtre est justement qu'il n'y a pas contradiction, parce qu'en Rodrigue l'amour pour Chimène est de la même étoffe subjective que la soumission à l'idée de l'honneur. Simplement, la médiation immanente de l'idée transcendante est constituée par le renoncement, non à l'amour, mais à la proximité de ses effets. La preuve que l'amour est le milieu immanent où s'incarne l'idée transcendante de l'honneur est que, si Rodrigue ne suivait pas cette idée, il serait, aux yeux de Chimène elle-même, déshonoré, et elle ne pourrait plus l'aimer.

Pourquoi le cinéma est-il, selon vous, le fantôme de l'idée, alors que le théâtre la rencontrerait physiquement ? Le cinéma n'est-il pas une image-mouvement, mais aussi une idée en mouvement ou un mouvement d'idées ?

Le cinéma est l'exploration non pas de l'idée, dans sa tension entre transcendance et immanence, mais de sa *visitation* : elle a été là, elle a été déposée comme une trace dans l'image, mais elle n'est plus dans l'activité de la discussion entre transcendance et immanence. Elle porte la trace de cette discussion possible, avec toujours quelque chose de

mélancolique : le cinéma est un art mélancolique car il est un art de la trace de l'idée et
non de sa présentation corporelle. Pourquoi
cela ? Parce que l'image, à défaut d'un corps
vivant, d'une présence et du lien que cette présence établit avec un texte immémorial, ne
peut susciter, ou ressusciter, la tension entre la
transcendance de l'idée et son action immanente dans une subjectivité contingente. Elle
peut disposer des traces-images de cette tension. Mais il y a toujours quelque chose de
fuyant et d'incomplet dans ces traces. On sent,
en voyant les images, que l'idée *aurait pu* être
encore là, que l'on a enregistré son passage
furtif, mais que, finalement, non, elle a disparu
dans l'aléa de ses traces. Il serait très intéressant de confronter en détail une représentation
théâtrale d'*Œdipe roi* de Sophocle, et le film
Œdipe roi de Pasolini. En un sens, l'idée est la
même, à savoir que des passions élémentaires
et secrètes, enracinées dans un passé obscur,
peuvent bousculer les apparences solennelles
du pouvoir et de l'héroïsme. Ou encore que
les avatars familiaux (le père, la mère, le fils…)
constituent non pas une partie de l'ensemble
social, comme quand on dit que la famille est la
« cellule de base » de toute société, mais une
redoutable puissance qui doit, pour être
compatible avec le consensus social, dissimuler

sa propre origine. Cependant, au théâtre, tout va reposer sur le déchirement visible des protagonistes, sur la tension que la profération théâtrale porte – ou échoue à porter – à partir du texte de Sophocle. La puissance du drame familial est immédiatement attestée – ou ne l'est pas, si la représentation échoue, ce qui arrive souvent – par le jeu tel qu'il est reçu immédiatement par le public, réception qui est comme la garantie collective d'une immanence de l'idée. Pasolini suit en gros l'intrigue théâtrale. Mais il est astreint à l'image, en ce sens qu'une fois jouée la partie est éternellement finie, inscrite dans la matière – ou le nombre – de la reproduction technique. C'est pourquoi une sorte d'ornementation, qui au théâtre serait presque gênante, est inévitable au cinéma, pour que l'image fasse trace de ce qui lui est arrivé, et qui est désormais immobile. C'est cette splendide immobilité qui porte la visitation de l'idée. Chez Pasolini, elle prend la forme d'une double transposition : dans la beauté singulière du monde arabo-musulman (le film est tourné au Maroc), et par le fait que le drame antique est « doublé » par un drame familial contemporain. Cette décoration est en quelque sorte ce qui *fixe les traces de l'idée*, pour qu'elles soient désormais reconnaissables sans pourtant être portées par l'aléatoire d'une présentation scénique toujours hasardeuse. Au cinéma, il faut vaincre le hasard image par image, jusqu'à sa complète disparition pour que la visitation de l'idée soit mélancoliquement perceptible pour celui qui regarde. Au théâtre, le hasard est au contraire requis pour assurer que le public partage en immanence la transcendance textuelle de l'idée.

Nietzsche a fait de la danse un adversaire de l'esprit de pesanteur qui gagne les arts, mais aussi un antidote à la balourdise philosophique. Que voulez-vous dire exactement lorsque vous affirmez que la danse est la « métaphore de la pensée » ?

La danse est la représentation de ce dont le corps est capable sans mention de l'idée. La danse se suffit à elle-même en tant qu'allégorie de l'immanence, célébration pure des ressources du corps.

Parce que le théâtre est entre cinéma et danse, qu'il négocie avec les deux, il est le plus complet des arts. Mallarmé est un poète, et convaincu de ce que seule la poésie peut créer une cérémonie moderne. Cependant, il dit que le théâtre est un « art supérieur », et nous savons que son fameux « Livre » était en fait destiné à une sorte de théâtre civique. Mallarmé, en parlant de sa supériorité, veut seulement dire que le théâtre est le plus complet des arts parce qu'il traite l'immanence et la transcendance *dans l'immédiat*. Le théâtre est nécessairement dans la forme d'un événement : il a lieu, il se passe. L'avoir-lieu improbable du théâtre, qui est en même temps irréductible à une fête des corps, est précisément sa grandeur, sa complétude. Ce n'est que dans l'avoir-lieu qu'on peut réellement saisir ce qu'est le rapport entre immanence et transcendance du point de vue de l'idée. En ce sens, le théâtre est le lieu de l'apparence vivante de l'idée.

Le théâtre propose selon vous de nous orienter dans nos vies et nos pensées, de nous frayer un chemin dans le monde contemporain. « Comment une vie est-elle possible, qui parvienne à plier les corps à la joyeuse discipline inventive de quelques idées ? », écrivez-vous. En quel sens le théâtre est-il toujours un moyen de nous orienter dans la confusion des temps ?

Nous sommes à mon avis dans un temps particulièrement confus. Le premier aspect de cette confusion est purement négatif : c'est le sentiment que l'idée en général est absente, qu'elle est venue à manquer. C'est un peu comme cela qu'a été interprété le thème de la mort de Dieu. Cette idée d'une disparition de l'idée a été un temps contrariée par les idéaux politiques du XXe siècle et est réapparue au fur et à mesure que le bilan de ces idéaux s'est enfoncé dans la négation, dans le sentiment que l'idée est absente, mais surtout qu'on s'en passerait bien. Cette confusion contemporaine est celle d'un nihilisme profond, qui non seulement déclare que les idées ont disparu, mais ajoute qu'on peut très bien s'accommoder de cette absence en vivant dans un immédiat pur, qui ne pose aucunement le problème d'une réconciliation entre immanence et transcendance.

La deuxième forme de confusion consiste à prendre comme idée ce qui n'est que la projection des figures de l'intérêt, à vivre nos intérêts (nos appétits, nos satisfactions…) comme s'ils étaient des idées. C'est une confusion très grave : cela conduit à des existences enfoncées dans une désorganisation profonde, car ce qui caractérise les intérêts est qu'ils sont à la fois tout à fait contradictoires (c'est la fameuse « concurrence » des libéraux) et illimités (c'est le thème de la constante « nouveauté » du monde moderne). La seule réalisation apparente de cette confusion est de s'accrocher à la circulation des marchandises comme on s'accroche à un train qui passe.

Une des missions fondamentales du théâtre dans une période de confusion est d'abord de montrer la confusion *comme confusion*. Je veux dire par là que le théâtre stylise et amplifie, jusqu'à en produire l'évidence, le fait qu'un monde confus est invivable pour les sujets qui le composent, même et surtout quand ils croient que la confusion n'est qu'un état normal de la vie. Le théâtre fait apparaître sur scène l'aliénation de qui ne voit pas que c'est la loi du monde lui-même qui l'égare, et non la malchance ou l'incapacité personnelle – Tchekhov, Ibsen ou Eugene O'Neill sont de grands maîtres en la matière ; puis, à l'intérieur de cette monstration de la confusion, le théâtre tente de faire émerger une possibilité inédite. Et là, on peut dire que Claudel, Brecht ou Pirandello sont exemplaires. Cette émergence de la possibilité n'est pas forcément idéologique ou abstraite : elle surgit de la subjectivité elle-même, de son enfoncement dans la confusion. Le théâtre va enseigner leur propre confusion aux spectateurs, en leur faisant enfin reconnaître *la confusion de la confusion*, en leur montrant que la confusion est vraiment confuse, et en faisant pointer de l'intérieur de cette confusion une possibilité interne ina-perçue dans la confusion ordinaire. Même dans le prétendu désespoir de Beckett, il y a l'éclaircie d'une possibilité inouïe. Ce théâtre montre que la situation est certes désespérée, mais qu'un Sujet peut y faire prévaloir sa propre loi lumineuse. Quand une femme à demi enterrée et dont le mari impotent rampe derrière elle sans jamais lui parler déclare « Quel beau jour c'était ! », il faut prendre ce qu'elle dit au pied de la lettre, et pas du tout comme une confusion dérisoire.

Quelles sont pour vous les pièces les plus éclairantes, et qui nous réorientent dans la confusion des temps ?

J'ai cité quelques noms glorieux. Mais à s'en tenir à des temps plus rapprochés, j'aimerais mentionner *Dans la solitude des champs de coton*, de Bernard-Marie Koltès. Cette pièce confronte un dealer et un client sans que l'on sache quel est le produit vendu, peut-être de la drogue, peut-être autre chose. Il s'agit d'une théâtralité pure, qui oppose celui qui propose à celui qui demande. Ce qui est proposé correspond-il vraiment à ce qui est demandé ? C'est un jeu théâtral sur la confusion, celle du monde contemporain, entre ce qu'on demande et ce que ce monde propose. Le monde nous propose une gamme infinie de marchandises et se présente comme capable, ce faisant, de répondre à toute demande. Le dealer est dans la position de dire « Demandez quelque chose, car j'ai certainement dans ma besace de quoi combler votre demande » ; et le demandeur hésite à préciser sa demande, car il a l'impression qu'on l'oblige à formuler cette demande de façon qu'elle corresponde aux marchandises que le dealer peut et veut donner.

La pièce se déploie dans une dialectique très retorse et fait apparaître que la seule manière aiguë d'ouvrir notre subjectivité à une métamorphose positive est de ne pas confondre désir et demande, de ne pas confondre le point de subjectivité véritable qui est en jeu dans la demande – le vrai désir – avec l'évidence de la consommation des produits disponibles sur le marché, produits dont nous pouvons toujours, bien trop facilement, demander qu'on nous les donne… contre de l'argent. La grande thèse de Koltès est qu'il ne faut pas céder sur son désir et que la principale menace qui s'exerce sur le désir est la demande. C'est théâtralement splendide : le rapport théâtral entre le dealer et le client est la métaphore de quelque chose d'essentiel dans le monde contemporain.

Mais si le théâtre est une pensée, comment éviter la dissolution de l'art dans l'idée ? Si le théâtre n'est, comme l'art selon Hegel, qu'une forme sensible donnée à l'Idée, qu'est-ce qui différencie encore le théâtre de la philosophie ?

Vous voyez bien qu'au moment même où je philosophe en vous expliquant la pièce de Koltès, je fais tout autre chose, et je produis des effets très différents, de ce qu'une représentation théâtrale fait et produit. Quand vous voyez *Dans la solitude des champs de coton* (c'est, soit dit en passant, une sorte de jeu de mots provocateur sur un titre de Brecht, qui est *Dans la jungle des villes*), vous n'êtes pas en train de vous représenter mentalement ce que je viens d'expliquer. Vous vous identifiez ou vous vous séparez émotivement des personnages en jeu sur la scène. Ce n'est pas du tout de la philosophie, au sens didactique du terme, mais toute philosophie est didactique. C'est un tout autre chemin pour la pensée, qui au théâtre se constitue à partir de ce qu'on voit et de ce qu'on entend, dans l'immédiat sensible du spectacle, toujours tissé de contradictions irrésolues. La philosophie peut après coup se saisir de tout cela et l'expliquer aux fins qui sont les siennes (la mienne, ici, est de travailler à une réconciliation fondamentale du théâtre et de la philosophie). Le théâtre ne donne pas d'explications, il montre ! Il montre l'esquive, la dialectique des positions, le jeu des nécessités, l'issue incertaine, et aussi la possibilité neuve, le choix – la question de la décision ou du choix est particulièrement théâtrale –, de façon que vous puissiez être convaincu que vous l'avez pensé vous-même. Il n'y a pas d'imposition d'une norme, au théâtre, il n'y a pas d'argumentation. Ce qu'on y trouve, c'est une combinaison subtile d'identifications imaginaires et de réticences symboliques, qui vont faire que vous sortirez de là – si le théâtre a vraiment eu lieu sur scène – en étant un peu méditatif, en vous demandant ce que vous avez compris, en revenant sur les péripéties, les personnages, les choix... Le théâtre spécule sur le fait qu'il se produit là, au-delà de la contemplation passive, de l'admiration ou du reproche, une modification subjective active, quoique souvent inaperçue. Le théâtre est une opération de transfert, agissant, depuis la puissance du jeu, en direction

du spectateur ; en ce sens, il n'est pas réduc-
tible à un enseignement discursif. Le théâtre
est en rivalité avec la dialectique philosophique
parce qu'il va non pas l'enseigner, mais la
jouer, la montrer, en faire saisir les facettes
réelles.

IV

SCÈNES POLITIQUES

Selon vous, le théâtre pense dans l'espace ouvert entre la vie et la mort, le nœud du désir et de la politique, et il pense sous forme d'événement, c'est-à-dire sous forme d'intrigue ou de catastrophe. Quel rapport le théâtre entretient-il avec la politique ? Et quelles sont les conditions de possibilité d'un théâtre politique ?

Le théâtre est un art qui rassemble les gens et peut-être les divise ou les unifie : c'est un art du collectif. Il y a une théâtralité politique, ou une politique de la théâtralité, qui se combine autour de cette figure du rassemblement. Après tout, bien des hommes politiques de nos sociétés pratiquent cette théâtralité de façon consciente quand ils s'adressent à des foules.

Vous avez le registre grave, semi-tragique, en quelque sorte un peu cornélien, d'un de Gaulle invitant la nation à exister dans un effort sublime. Vous avez le registre flegmatique et retors de Mitterrand cherchant la pointe et la blessure, ou se repliant comme un hérisson, qui me fait penser aux traîtres et faux-jetons des opéras italiens. Vous avez le style agité, l'aspect « tout se fait à la course », les embrouilles sentimentales de Sarkozy, directement issus des vaudevilles de Feydeau. La théâtralité de la politique est une évidence : il y a donc un lien organique du théâtre et de la politique, d'autant plus fort que le théâtre est une institution publique et que l'État se mêle toujours de la situation du théâtre.

Certes, mais n'y a-t-il pas un théâtre spécifiquement politique, principalement issu du théâtre grec et des tentatives de Bertolt Brecht ?

J'ai dit plus haut mes raisons de ne guère aimer l'expression « théâtre politique ». Ce qui ne m'empêche pas de dire aussi que la politique est un matériau de premier choix pour le théâtre. En forçant un peu les choses, on pourrait dire que le théâtre, singulièrement le théâtre tragique ou épique, n'a eu pendant longtemps que deux sujets : la politique et l'amour – et même plus précisément les difficultés que l'amour introduit dans la politique. Corneille et Racine ne s'intéressent qu'à ça : comment un monarque, Titus par exemple, va-t-il se débrouiller si la passion amoureuse l'enchaîne au désir d'une femme, Bérénice, qui, du point de vue des contraintes de l'État, ne peut absolument pas devenir sa compagne publique ? Par ailleurs, je l'ai dit, il y a des relations organiques entre le théâtre et l'État. Et enfin, il y a des pièces clairement structurées par un choix politique. Voyez, à une extrémité, Aristophane, dont maintes comédies soutiennent à Athènes le camp de la paix dans la guerre contre Sparte, en couvrant d'insultes obscènes les politiciens va-t-en-guerre. Et voyez, à l'autre, le subtil travail de Brecht visant à ce que la didactique théâtrale induise finalement l'idée que le choix politique communiste est le meilleur. Est-ce que tout cela suffit à constituer une catégorie générale du « théâtre politique » ? Je maintiens ici que je ne le crois pas. Je crois que le théâtre a pour mission de s'emparer de la figure humaine dans sa dimension générique et complète, incluant certainement les configurations politiques, mais ne s'y réduisant jamais. Corneille, Aristophane, Brecht ou Sartre donnent à voir le jeu des décisions politiques, mais ce faisant ils ne créent pas un genre particulier du théâtre. Les genres, comme dans tous les arts, relèvent de la forme. On peut parler de comédie, de tragédie, de théâtre épique, de drame romantique, de vaudeville, de théâtre naturaliste ou symboliste, voire de théâtre sans théâtre : tout cela éclaire des choix artistiques. Je ne me représente pas vraiment ce que peut être un « théâtre politique », même si ma propre production théâtrale a pu paraître à certains relever de cette catégorie.

D'une part, il y a l'idée répandue dans le milieu du spectacle qu'il suffirait de monter sur une scène pour faire un acte intrinsèquement politique. De l'autre, on assiste parfois à un théâtre de la dénonciation ou de l'exposition – de la misère sociale notamment – qui réduit l'art à la seule idée et la représentation à la contestation. Ne s'agit-il pas d'impasses majeures d'un certain rapport politique au théâtre ?

Mais pourquoi notre rapport au théâtre devrait-il absolument être « politique » ? Il faudrait de toute urgence interroger notre conscience de classe à propos des miroirs subjectifs de Pirandello, réduire Tchekhov à une prescience désabusée de la venue de la Révolution d'Octobre 1917, ou ne voir, dans les subtils duels concernant la déclaration d'amour qui font tout le charme de Marivaux, qu'un simple décalque des mœurs fatiguées de l'aristocratie ? Allons donc ! Je l'ai dit et redit : la politique – mais en vérité surtout le problème du pouvoir d'État, dont il faudra bien que la politique, un jour, se libère – est un matériau capital du théâtre. Cela ne signifie pas que le théâtre soit par lui-même, nécessairement, un acte politique. Le théâtre appartient, dans mon jargon, à la procédure de vérité artistique, distincte dans son essence même de la procédure politique, et avant même de se prononcer, dans telle ou telle conjoncture, sur les liens possibles entre ces deux procédures, il faut affirmer leur différence. L'histoire du théâtre, du reste, de ses moments forts, de ses pics de création, ne coïncide nullement avec l'histoire des politiques. L'apogée du théâtre en France, entre Richelieu et Louis XIV, est coextensive à la construction de l'absolutisme, lequel élimine pratiquement toute politique libre. Inversement, la Révolution française n'a presque rien donné au théâtre, sinon une pièce romantique allemande, *La Mort de Danton* de Büchner… On trouvera aussi, évidemment, des superpositions : chez Meyerhold, ou chez Brecht. Finalement, il n'existe aucune loi générale des rapports entre politique et théâtre. Ce qu'il y a, c'est la permanence d'un intérêt des États pour le théâtre, prenant souvent la forme d'une surveillance, tout simplement parce qu'on s'y attroupe pour écouter des propos et des discussions peut-être incontrôlés.

Dans Rhapsodie pour le théâtre*, vous dites que l'on parle sans problème de théâtre public ou national, mais que cela ne viendrait à l'idée de personne de parler de cinéma national. Pour quelles raisons ?*

C'est parce que le théâtre, comme je viens de le rappeler à l'instant, et ce tout particulièrement en France, dépend de l'incitation, de la promotion et des crédits de différentes instances de l'État – et ce n'est pas nouveau ! Aujourd'hui, cela prend la forme d'une demande de crédits au nouveau gouvernement ou à la nouvelle municipalité, par exemple, mais en Grèce antique, comme je l'ai déjà dit, le théâtre était directement et obligatoirement soutenu financièrement par de riches citoyens, Louis XIV pensionnait directement les dramaturges, Racine et Molière étaient des hommes de cour, Napoléon a pris un décret sur la Comédie-Française depuis Moscou, que ses troupes occupaient... Ce lien entre théâtre et pouvoir, qu'on a confondu à tort avec un lien intellectuel entre théâtre et politique, n'est pas idéologique ou subjectif, il est objectif, organique. Il y a certes toujours eu des tentatives d'y échapper, par exemple en créant un théâtre indépendant, un théâtre subventionné par ses spectateurs, mais cela reste encadré par les dispositions du pouvoir vis-à-vis du théâtre. À la fin des fins, le théâtre est une institution, proche à certains égards de l'Éducation nationale. Voyez du reste la connexion vitale entre les deux, les troupes de lycéens ou de collégiens qui envahissent les salles de nos villes...

Et pourtant, vous militez pour rendre le théâtre obligatoire. Est-ce une idée fixe ?

Évidemment ! De même qu'on a rendu obligatoire l'instruction publique ! Je propose même, dans *Rhapsodie pour le théâtre*, tout un dispositif pour obliger les gens à aller au théâtre, en utilisant, comme il se doit, un mélange gradué de récompenses et de punitions. Par exemple, ceux qui iraient comme il convient au théâtre paieraient moins d'impôts.

Je plaisante, bien sûr, mais je soutiens en vérité le principe d'une – légère – obligation. Je m'appuie sur une expérience concrète, qui m'a vraiment intéressé. Il m'est arrivé bien des fois d'emmener au théâtre des gens qui n'y allaient jamais, en particulier des ouvriers de provenance étrangère, ou des jeunes déscolarisés. Ils étaient fascinés par le théâtre : c'étaient donc des spectateurs idéaux, pour qui tout ce qu'ils voyaient sur scène avait la puissance du réel. Ils en sortaient en trouvant cela extraordinaire. Mais, revenus à leur vie ordinaire, ils n'y retournaient jamais. Pourquoi ? Parce que, au-delà de leur joie, ils conservaient le sentiment que ce n'était pas pour eux. Il y a là-dedans un élément de discrimination sociale intériorisée, une sorte de consentement forcé à ce qu'une merveille évidente leur soit interdite. En réalité, sans cette censure secrète, le public de théâtre pourrait être quasi tout le monde, j'en suis convaincu.

V

LA PLACE DU SPECTATEUR

*Quel spectateur êtes-vous, irascible ou indul-
gent ? Quelle place faites-vous au spectateur,
celle d'un regardeur qui fait le tableau, comme
dit Marcel Duchamp à propos de l'art plas-
tique, c'est-à-dire celle d'un témoin ou d'un
acteur qui recompose la pièce selon ses affects
et perceptions ?*

Je suis, au début, un spectateur calme et qui
tente d'être sans préjugés. Après tout, venir
dans la salle, c'est au minimum donner sa
chance à ce qui va se passer, sinon à quoi bon ?
Mais mon humeur, souvent, s'assombrit très
tôt pour une raison qui, en dépit de tous mes
efforts, me reste obscure : presque toujours, je
devine dès les premiers instants de la représentation si elle appartient à ce qui pour moi est

le vrai théâtre ou si, au contraire, elle relève de ce que, dans mon essai *Rhapsodie pour le théâtre*, j'appelle le « théâtre », avec des guillemets, c'est-à-dire soit quelque chose qui tient du divertissement, au sens où nous en avons parlé tout à l'heure, soit un ratage prétentieux, une imposture, soit encore l'exécution, sans idée neuve aucune, et par copie d'une tradition morte, d'un quelconque classique. Ce qui est étrange, c'est la rapidité avec laquelle cette conviction s'installe en moi, et le fait qu'elle ne soit que très rarement démentie par ce qui suit. Comme si le théâtre s'établissait visiblement dans les premières minutes du jeu, et que son absence atteste tout aussi vite que nous sommes en présence du « théâtre ». Cas dans lequel je commence à m'ennuyer, à m'impatienter. Alors, le plus souvent, sans tapage, parce que je ne veux jamais nuire à des acteurs qui travaillent, je m'éclipse. Au fond, le spectateur que je suis est convoqué très rapidement à décider qu'une représentation particulière est théâtre ou « théâtre », à rester ou à partir. Si je reste, si je suis convoqué au vrai théâtre, je suis le plus vif et le plus convaincu des spectateurs.

Quel genre de comédien prisez-vous ? En quel sens le jeu est-il une matière à penser ?

Le jeu de l'acteur compose le centre de gravité du théâtre, son ultime réel. Si nécessaires et souvent extrêmement séduisants qu'ils puissent être, les autres ingrédients du théâtre (décors, costumes, lumières…) restent pour une part extérieurs à l'essence du théâtre. Raison pour laquelle il peut y avoir du très grand théâtre sur trois planches mal éclairées, avec des acteurs habillés comme vous et moi, et devant un drap de lit cloué au mur du fond. Ce qui à soi seul prouve que le jeu est une pensée qu'on peut dire matérielle, une pensée qui se donne à voir par le seul lien entre voix et corps. Si cette visibilité est accomplie, l'acteur a mon assentiment, quels que puissent être ses moyens. Je crois cependant que je préfère l'acteur discret, l'acteur qui reste en dedans de ce qu'il pourrait faire, l'acteur qui rend justice aux possibilités du jeu plutôt qu'à leur exécution intégrale. L'acteur au conditionnel, qui s'adresse à moi pour me montrer ce que le personnage pourrait faire, bien plus encore que ce qu'il fait. L'acteur dont l'apparence indique fermement, mais avec l'économie maximale, ce que recèle l'intériorité à jamais invisible de celui dont le jeu nous parle. L'acteur, en somme, qui, presque immobile, d'une voix neutre et parfois murmurée, me fait communiquer avec l'inconscient du personnage. L'acteur qui dit sans le dire le non-dit, le secret de toute subjectivité réelle.

Peut-on imaginer un théâtre sans acteurs présents sur scène ?

La possibilité de spectacles de théâtre sans acteurs est à mon avis ouverte. Il est en effet possible aujourd'hui de monter un spectacle qui est théâtral en ceci qu'il crée sur scène une dialectique, non entre des acteurs, mais entre des sources différentes. On va voir sur scène des machines-acteurs qui permettent la dialectique théâtrale par la pluralité des sources (téléphone fixe, portable, télévision, ordinateur...) La possibilité de mécaniser une partie de la question de l'acteur me semble ouverte, étant entendu que ce que l'on doit conserver est la présence scénique effective : la dialectique des sources sonores *a lieu*, devant un public rassemblé. Sinon, ce n'est plus du théâtre.

On « joue » au théâtre, on « joue » une pièce. Le théâtre est-il un art de l'enfance ?

Il est à mon avis certain que tout art est investi par les puissances refoulées d'une enfance. Je suis freudien sur ce point : la création artistique est l'exemple le plus accompli de ce qu'est une sublimation des désirs inconscients. C'est la raison pour laquelle le grand art peut être à la fois provocant, transgressif et universel. La subjectivité humaine reconnaît en lui la force irrésistible des traces cachées de désirs que la diversité des mœurs et des traditions répressives n'empêche pas d'être constitutifs de tout Sujet. Il éprouve dans cette reconnaissance un trouble suspect en même temps qu'une admiration rationnelle. C'est ce mélange que nous appelons le sentiment du Beau. Le théâtre porte à son comble ce processus, parce qu'il nous présente le conflit des archétypes entre lesquels se joue le mouvement des désirs : le Père, la Mère, le Roi, le Bouffon, l'Amoureuse, le Meurtrier, le Fourbe, l'Ambitieuse, le Menteur, la Coquette, le Trompé, le Peureux… Qu'il soit comique ou tragique, le théâtre figure le jeu des passions. Il plonge donc très en profondeur dans les structures relationnelles qui façonnent l'inconscient. Accroché par le haut aux formes les plus sophistiquées du débat d'idées, le théâtre organise l'énergie qui vient d'en bas, du marécage des pulsions, de tout le réel subjectif non encore symbolisé.

Tous les genres sont-ils équivalents, la comédie comme la tragédie, la farce comme le drame, le théâtre de boulevard comme le théâtre de marionnettes ?

Je réponds oui sans hésiter, si par « équivalence » vous entendez : capacité à entrer dans le domaine de l'authentique création artistique. Tous les arts, au demeurant, déploient des genres distincts : en peinture, le portrait n'est pas la grande scène historique ; en musique, la symphonie n'est pas le quatuor à cordes ; en poésie, le sonnet n'est pas l'épopée ; au cinéma, le western n'est pas le burlesque… Disons que le théâtre, dès lors qu'il réussit la circulation de bas en haut que je viens d'évoquer, qu'il en assure l'effet et la méditation chez les spectateurs, a réussi à exister, quel que soit son genre.

Qu'est-ce pour vous que le mauvais théâtre, le « théâtre » dont vous parliez tout à l'heure ?

Je le définis dans *Rhapsodie pour le théâtre.* Permettez-moi de me citer moi-même : « Le mauvais théâtre est le théâtre qui est dans la descendance de la messe : rôles établis et substantiels, différences naturelles, répétitions, événements falsifiés. On y goûte, on y mange le puceau, l'hystérique vieillissante, le tragédien à la voix sonore, la virtuose des déplorations, l'amoureuse frémissante, le jeune homme poétique, comme sous les espèces de l'hostie on mange Dieu, on sort de là conforme aux dispositions placardées, on obtient le salut pour pas cher. Le vrai théâtre fait de chaque représentation, de chaque geste de l'acteur une vacillation générique pour qu'y soient risquées les différences sans nul appui. »

Vous voyez, le mauvais théâtre est une collection d'identités établies, qu'il s'agit de reproduire, avec les idées conventionnelles et les opinions convenables qui les accompagnent.

Ce théâtre, que j'appelle donc, comme je vous l'ai dit, le « théâtre », entre guillemets, existe et existera toujours. Le mauvais théâtre est increvable. Mais il est vrai aussi qu'aucun des triomphes du mauvais théâtre ne peut venir à bout du vrai théâtre.

Vous plaidez pour le maintien de l'entracte :
est-ce parce que la suppression de l'entracte est
à votre sens un acte cinématographique ?

Exactement. L'entracte est le moment où l'on fait un premier point sur l'existence subjective qui est la nôtre dans le spectacle. Le cinéma déroule le fil du temps implacablement parce qu'il existe implacablement. Le théâtre existe dans la précarité de la représentation, et l'entracte en est le symbole. C'est une ponctuation. Le théâtre n'est pas quelque chose qui doit mécaniquement aller jusqu'au bout de ce qu'il est, cela peut s'arrêter à un moment donné. C'est ce que j'appelle l'impureté du théâtre, qui est aussi une caractéristique de la philosophie. De même que la langue philosophique se déplie dans l'intervalle entre la langue formelle des mathématiques et la langue profonde du poème, faisant depuis Platon un grand usage des deux, de même le théâtre, depuis Eschyle, est composé de matériaux extrêmement disparates. L'entracte signifie cette impureté pour le public, et lui donne aussi la liberté de s'esquiver.

« *On casserait son siège de rage et de haine et l'on se précipiterait au boulevard pour se consoler de tant de tourments et d'efforts* », écrivez-vous. *Le théâtre peut parfois provoquer une forme d'exaspération. N'y a-t-il pas rien de pire que d'assister au spectacle d'une pièce ratée ?*

Quand le théâtre rate, c'est terrible ! On ne peut pas vouloir que le théâtre ait des effets singuliers sans qu'il y ait des revers : un navet filmique n'est pas si terrible, mais un spectacle de théâtre raté, qui ne produit d'autre effet que l'ennui, voire le dégoût, est insupportable ! C'est aussi insupportable quand c'est raté qu'extraordinaire quand c'est réussi…

Qu'est-ce qu'un bonheur de théâtre ? Et quel avenir du théâtre pouvons-nous envisager ?

Ce que nous devons aimer et soutenir, c'est un théâtre complet, qui déplie dans le jeu, dans la clarté fragile de la scène, une proposition sur le sens de l'existence, individuelle et collective, dans le monde contemporain. Le théâtre doit nous orienter, par les moyens de l'adhésion imaginaire qu'il suscite et de son incomparable force quand il s'agit d'éclaircir les nœuds obscurs, les pièges secrets où nous ne cessons de nous fourvoyer et de perdre du temps, de perdre le temps lui-même.

Mais il faut à la fin revenir à cette sorte de miracle : il y a quelques corps, quelque part, sur un plancher, avec de faibles lumières. Ils parlent. Et alors, comme pour Mallarmé du seul mot « fleur » poétiquement prononcé, surgit, éternelle, « l'absente de tout bouquet », vient à ceux qui regardent une pensée neuve sur tout ce qu'ils ne savaient pas qu'ils pouvaient faire, alors qu'ils en avaient secrètement le désir.

TABLE

Mise en page

44400 Rezé

CET OUVRAGE
A ÉTÉ ACHEVÉ D'IMPRIMER
PAR L'IMPRIMERIE FLOCH
À MAYENNE EN AVRIL 2013

N° d'édition : L.01ELJN000547.N001. N° d'impression : 84703
Dépôt légal : mai 2013
(Imprimé en France)